clara

Kurze lateinische Texte
Herausgegeben von Hubert Müller

Heft 21

Epikurs Philosophie in Ciceros Schriften

Bearbeitet von Stefan Kliemt

Mit 12 Abbildungen

Vandenhoeck & Ruprecht

Liebe Schülerin, lieber Schüler!

Eine der bedeutenden philosophischen Schulen, die in Rom auf Literatur und Gesellschaft großen Einfluss hatten, war die des Griechen Epikur.

Epikur wurde 341 v. Chr. auf der Insel Samos geboren und studierte die Philosophie Platons und Demokrits; er unterrichtete zuerst in Mytilene auf der Insel Lesbos und in Lampsakos, bevor er 306 v. Chr. nach Athen übersiedelte und dort eine eigene Schule, den sogenannten Garten, eröffnete. Dort lebte und wirkte er bis zu seinem Tod im Jahr 271 v. Chr.

Als Cicero in seinen letzten Lebensjahren politisch nicht mehr aktiv sein konnte, unternahm er es, die Philosophie der Griechen seinen Zeitgenossen systematisch näher zu bringen. Aus seinen Werken sind deswegen die meisten Texte genommen, die Ihnen helfen sollen, die wichtigsten Grundzüge des Epikureismus kennenzulernen.

Wir unterstützen Ihre Arbeit an den Texten folgendermaßen:

Längere Sätze sind nach Sinneinheiten gesetzt.
- In der rechten Spalte sind die Vokabeln angegeben, die nicht zum Klett'schen Grundwortschatz gehören. Rot hervorgehoben sind entweder die Wörter des Aufbauwortschatzes oder die, die in der Textsammlung mehr als zweimal belegt sind. Sie sind als Lernvokabeln gedacht und werden nur bei ihrem ersten Vorkommen aufgeführt. Am Ende des Heftes sind sie noch einmal alphabetisch zusammengestellt.
- Fragen und Aufgaben helfen, die Texte zu verstehen und zu erschließen.

ISBN 978-3-525-71720-2

© 2007 Vandenhoeck & Ruprecht GmbH & Co. KG, Göttingen / www.v-r.de
Alle Rechte vorbehalten. Das Werk und seine Teile sind urheberrechtlich geschützt.
Jede Verwertung in anderen als den gesetzlich zugelassenen Fällen bedarf der vorherigen schriftlichen Einwilligung des Verlages. Hinweis zu § 52a UrhG: Weder das Werk noch seine Teile dürfen ohne vorherige schriftliche Einwilligung des Verlages öffentlich zugänglich gemacht werden. Dies gilt auch bei einer entsprechenden Nutzung für Lehr- und Unterrichtszwecke. Printed in Germany.

Redaktion: Jutta Schweigert, Göttingen
Gestaltung: Markus Eidt, Göttingen
Satz und Lithos: Dörlemann Satz, Lemförde
Druck und Bindung: Hubert & Co., Göttingen

Gedruckt auf chlorfrei gebleichtem Papier.

Inhalt

Abbildungsnachweis: Archäologisches Institut der Universität Göttingen
(Foto: Stephan Eckardt): 11, 12; akg-images: 6, 17, 19, 21, 25, 29; Kai Blanke, Steinach: 27;
www.digitalstock.de: 5; Jutta Schweigert, Göttingen: 13, 15, 21.

1 Demokrits Atomlehre

Democritea dicit perpauca mutans, sed ita,
ut ea, quae corrigere vult, mihi quidem depravare videatur.

Ille atomos, quas appellat,
id est corpora individua propter soliditatem,
5 censet in infinito inani,
in quo nihil nec summum nec infimum nec medium
nec ultimum nec extremum sit,
ita ferri, ut concursionibus inter se cohaerescant,
ex quo efficiantur ea, quae sint quaeque cernantur, omnia,
10 eumque motum atomorum nullo a principio,
sed ex aeterno tempore intellegi convenire.

Dēmocritēa, ōrum *n.*: Lehrsätze des Demokrit
dīcit: *Subj. ist* Epicurus
perpaucī, ae: sehr wenige
corrigere, rēxī, rēctum: verbessern
dēprāvāre: verschlechtern
atomus, ī *f.*: Atom
indīviduus: unteilbar
soliditās, ātis *f.*: Dichte
īnfīnītus: unbegrenzt
īnfimus: unterster
concursiō, ōnis *f.*: Zusammenstoß
cohaerēscere: sich verbinden
-que: *verbindet* ferrī *mit* intellegī, *wovon* convenīre *abhängt*
aeternus: ewig

Die Vorsokratiker

Diese Gruppe der griechischen Philosophen, die, wie der Name sagt, vor Sokrates (hingerichtet 399 v. Chr.) ab dem 7. Jahrhundert v. Chr. in Kleinasien, also der heutigen Türkei, lebten und wirkten, begründet die erste große Phase der griechischen Philosophie.
Zu ihnen zählen Thales von Milet (um 585 v. Chr.), Anaximander (ca. 610–547 v. Chr.) und Anaximenes (gest. ca. 528 v. Chr.), die sogenannten ionischen Naturphilosophen. Sie fragen nach dem Urstoff, aus dem alles geworden ist. Thales sieht im Wasser, Anaximander im Unbegrenzten und Anaximenes in der Luft diesen Urstoff.
Für Pythagoras (gest. 497 v. Chr.) ist die Zahl als Ausdruck einer inneren Seinsharmonie der Grund der Welt. Heraklit von Ephesus (geb. um 500 v. Chr.), genannt »der Dunkle«, ist der erste Metaphysiker unter den Vorsokratikern. »In dieselben Flüsse steigen wir und steigen wir nicht, wir sind und wir sind nicht«, sagt er paradoxerweise und will so verdeutlichen, dass sich alles Seiende in einem steten Werden und Vergehen befindet und allein dem Weltgesetz unterworfen ist; deshalb könne man diesen Fluss nicht durch starre und eindeutige Begriffe fassen.
Zu den jüngeren Naturphilosophen zählt neben Empedokles (ca. 483–423 v. Chr.), der Feuer, Wasser, Luft und Erde für die Urstoffe der Welt hält, auch Anaxagoras (ca. 500–428 v. Chr.), für den die Welt aus vielen, teils gleichartigen, teils verschiedenen Elementen besteht; bei beiden werden diese Urstoffe durch die Vernunft (Nus) in Bewegung gesetzt. Auch Demokrit (ca. 460–370 v. Chr.) und Leukipp (geb. um 480 v. Chr.) werden zu den

jüngeren Naturphilosophen gerechnet; sie gehen von einem mechanisch-materialistischen Atomismus aus, bei dem der Zufall Atome zusammenkommen oder auseinander streben lässt.
Fast alle Vorsokratiker sind gegenüber einer anthropomorphen Göttervorstellung und der vorherrschenden Religiosität kritisch eingestellt; Ziel ihrer Ethik ist die *Eudaimonia* (Glückseligkeit), die durch bewusstes Maßhalten zu erreichen ist.

1 (a) Wie definiert Demokrit das Atom? – (b) Vergleichen Sie seine Definition mit den Atommodellen, die Ihnen aus dem Physik- und Chemieunterricht bekannt sind.

2 (a) Geben Sie Demokrits Atomlehre mit eigenen Worten wieder. – (b) An welchen Punkten ergeben sich Fragen?

3 Bereiten Sie ein Kurzreferat über Demokrit vor. Ziehen Sie dazu auch den Text über die Vorsokratiker heran. Klären Sie dabei, was unter den Begriffen »Metaphysik«, »mechanisch-materialistisch«, »anthropomorph« zu verstehen ist.

Das Atomium in Brüssel.

2 Kritik Ciceros an Demokrits (und Epikurs) Lehre

	Epicurus autem,	Dēmocitus: Demokrit
	in quibus sequitur Democritum,	lābī, lāpsus sum: dahingleiten, straucheln
	non fere labitur.	
	Quamquam utriusque cum multa non probo,	quamquam: *leitet hier einen Hauptsatz ein*: dennoch, freilich
5	tum illud in primis, quod,	
	cum in rerum natura duo quaerenda sint,	
	unum, quae materia sit, ex qua quaeque res efficiatur,	
	alterum, quae vis sit, quae quidque efficiat,	
	de materia disseruerunt, vim et causam efficiendi reliquerunt.	disserere, seruī, sertum: erörtern, (be-)sprechen

1 (a) Was kritisiert Cicero an Demokrits und Epikurs Lehre? Interpretieren Sie seine Kritik. – (b) Vergleichen Sie dies mit Ihren eigenen Fragen (2b zu Text 1).

2 Hätte Ciceros Kritik Bestand vor dem Hintergrund moderner naturwissenschaftlicher Forschung? Warum (nicht)?

Ludovico Carracci (1555–1619): »Heraklit und Demokrit« (Der weinende und der lachende Philosoph), um 1586/88. Mailand, Palazzo Arcivescovile.

3 Neuinterpretation durch Epikur

Sed hoc commune vitium, illae Epicuri propriae ruinae:
censet enim eadem illa individua et solida corpora
ferri deorsum suo pondere ad lineam,
hunc naturalem esse omnium corporum motum.

5 Deinde ibidem homo acutus, cum illud ocurreret,
si omnia deorsus e regione ferrentur et,
ut dixi, ad lineam,
numquam fore,
ut atomus altera alteram posset attingere,
10 itaque attulit rem commenticiam:

declinare dixit atomum perpaulum,
quo nihil posset fieri minus;
ita effici complexiones et copulationes
et adhaesiones atomorum inter se,
15 ex quo efficeretur mundus
omnesque partes mundi, quaeque in eo essent.

indīviduus: unteilbar
solidus: dicht
deorsum *Adv.*: abwärts
līnea: Linie
ad līneam: senkrecht
nātūrālis, e: natürlich
ibīdem *Adv.*: dabei
acūtus: scharfsinnig
oc(c)urrere: *hier*: in den Sinn kommen
deorsus *Adv.*: abwärts
fore = futūrum esse
commentīcius: erfunden
dēclīnāre: abbiegen, abweichen
perpaulum *Adv.*: ein klein wenig
complexiō, ōnis *f.*: Verbindung
cōpulātiō, ōnis *f.*: Verknüpfung
adhaesiō, ōnis *f.*: Anhaften
mundus: Welt

1 (a) Welche Theorie entwickelte Epikur aus Demokrits Atomlehre? – (b) Welche Gründe führt Cicero dafür an, dass Epikur diese Theorie aufstellte? – (c) Was könnte man gegen Epikurs Argumentation einwenden?
2 Wie beurteilt Cicero Epikurs Theorie? Zitieren Sie lateinisch und deuten Sie.
3 Informieren Sie sich darüber, was ein Römer unter *mundus* versteht. Erklären Sie, warum Cicero dieses Wort hier gewählt hat.

4 Kritik Ciceros an Epikurs Theorie

Quae cum tota res est ficta pueriliter,
tum ne efficit quidem, quod vult.
Nam et ipsa declinatio ad libidinem fingitur
– ait enim declinare atomum sine causa;
5 quo nihil turpius physico,
quam fieri quicquam sine causa dicere, –
et illum motum naturalem omnium ponderum,
ut ipse constituit,
e regione inferiorem locum petentium
10 sine causa eripuit atomis
nec tamen id, cuius causa haec finxerat, assecutus est.
Nam si omnes atomi declinabunt,
nullae umquam cohaerescent,
sive aliae declinabunt, aliae suo nutu recte ferentur,
15 primum erit hoc quasi provincias atomis dare,
quae recte, quae oblique ferantur,
deinde eadem illa atomorum,
in quo etiam Democritus haeret,
turbulenta concursio hunc mundi ornatum
20 efficere non poterit.

Ne illud quidem physici, credere aliquid esse minimum,
quod profecto numquam putavisset,
si a Polyaeno, familiari suo,
geometrica discere maluisset
25 quam illum etiam ipsum dedocere.

Sol Democrito magnus videtur,
quippe homini erudito in geometriaque perfecto,
huic pedalis fortasse;
tantum enim esse censet, quantus videtur,
30 vel paulo aut maiorem aut minorem.
Ita, quae mutat, ea corrumpit,
quae sequitur sunt tota Democriti,
atomi, inane, imagines, quae εἴδολα nominant,
quorum incursione non solum videamus,
35 sed etiam cogitemus;

puerīlis, e: kindisch
dēclīnātiō, ōnis *f.*: Abweichung
physicus: Naturphilosoph
īnferior, ius: tiefer
cohaerēscere: sich verbinden
nūtus, ūs *m.*: Schwerkraft
prōvincia: *hier*: Dienst, Aufgabe
oblīquus: schräg
haerēre, haesī, haesūrus: fest *an etw.* hängen
turbulentus: ungeordnet
concursiō, ōnis *f.*: Zusammenstoß
ōrnātus, ūs *m.*: Schmuck
nē illud quidem physicī + *Inf.*: *erg.* est: nicht einmal jenes ist Sache eines Naturphilosophen
Polyaenus: *grch. Mathematiker aus Lampsakos, Freund und Schüler Epikurs*
geōmetrica, ōrum *n.*: Geometrie
dēdocēre: vergessen lassen
ērudītus: gebildet, gelehrt
geōmetria: Geometrie
huic: *gemeint ist Epikur*
pedālis, e: einen Fuß breit
tantum … quantus: *auf* sōl *zu beziehen*
εἴδολα: Abbilder
incursiō, ōnis *f.*: Aufprall

infinitio ipsa,
quam ἀπειρίαν vocant, tota ab illo est,
tum innumerabiles mundi,
qui et oriantur et intereant cotidie.
40 Quae etsi mihi nullo modo probantur,
tamen Democritum laudatum a ceteris
ab hoc, qui eum unum secutus esset, nollem vituperatum.

īnfīnītiō, ōnis *f.*: Unendlichkeit
ἀπειρίαν: Unendlichkeit
innumerābilis, e: unzählig
vituperāre: tadeln

Epikur schreibt in einem Brief an Pythokles (§ 91):
»Die Größe der Sonne, des Mondes und der übrigen Gestirne ist im Bezug auf uns genau so, wie sie uns erscheint, an sich ist sie entweder größer, als wir sie sehen, oder ein wenig kleiner oder ebenso groß. Denn so werden auch die Feuererscheinungen bei uns, wenn wir sie aus der Entfernung betrachten, auf Grund der Sinneswahrnehmung beurteilt. Und jeder Einwand gegen diesen Punkt wird leicht zerstreut werden, wenn man sich an den klaren Augenschein hält, wie wir es in den Büchern über die Natur gezeigt haben.«
Epikur, Von der Überwindung der Furcht. Katechismus, Lehrbriefe, Spruchsammlung, Fragmente, eingeleitet und übertragen von Olof Gigon, München, 2. Auflage 1985, S. 89, © Patmos Verlag GmbH & Co. KG, Artemis & Winkler Verlag, Düsseldorf.

1 (a) Was übernimmt Epikur von Demokrit? Zitieren Sie lateinisch. – (b) Was entwickelt Epikur selbst? Zitieren Sie lateinisch. Warum tut er dies? – (c) Was kritisiert Cicero an seiner Theorie? Zitieren Sie lateinisch.
2 Welche Aussagen macht die moderne Physik zu Epikurs »Weiterentwicklung«?
3 (a) Erklären Sie Epikurs Theorie von der Größe der Sonne. Ziehen Sie auch den Abschnitt aus seinem Brief an Pythokles heran. – (b) Bewerten Sie Epikurs These.
4 Nennen Sie die verwendeten Stilmittel und prüfen Sie ihre mögliche Wirkungsabsicht.
5 Dass die Philosophie in Rom heimisch wurde, gilt allgemein als großes Verdienst Ciceros. Belegen Sie dieses Urteil anhand des Textes und lesen Sie hierzu in einer Literaturgeschichte nach.

5 Definition des *summum bonum*

bonum: das (sittlich) Gute

Quaerimus igitur,
quid sit extremum et ultimum bonorum,
quod omnium philosophorum sententia tale debet esse,
ut ad id omnia referri oporteat, ipsum autem nusquam.
5 Hoc Epicurus in voluptate ponit,
quod summum bonum esse vult,
summumque malum dolorem,
idque instituit docere sic:
Omne animal, simul atque natum sit,
10 voluptatem appetere eaque gaudere ut summo bono,
dolorem aspernari ut summum malum
et, quantum possit, a se repellere,
idque facere nondum depravatum
ipsa natura incorrupte atque integre iudicante.
15 Itaque negat opus esse ratione neque disputatione,
quam ob rem voluptas expetenda, fugiendus dolor sit.
Sentiri haec putat,
ut calere ignem,
nivem esse albam, dulce mel.

20 Quorum nihil oportere exquisitis rationibus confirmare,
tantum satis esse admonere.
Interesse enim inter argumentum conclusionemque rationis
et inter mediocrem animadversionem atque admonitionem.

Altera occulta quaedam et quasi involuta aperiri,
25 altera prompta et aperta iudicari.
Etenim quoniam detractis de homine sensibus
reliqui nihil est,
necesse est, quid aut ad naturam aut contra sit,
a natura ipsa iudicari.
30 Ea quid percipit aut quid iudicat,
quo aut petat aut fugiat aliquid,
praeter voluptatem et dolorem?

philosophus: Philosoph
referrī ad: sich auf *etw.* beziehen
malum: das (sittlich) Schlechte; Übel, Leid
animal, ālis *n.*: Lebewesen
aspernārī: verschmähen
repellere, reppulī, repulsum: zurückweisen
dēprāvāre: verderben
incorruptus: unverdorben
disputātiō, ōnis *f.*: Erörterung
expetere, petīvī, petītum: erstreben
calēre: heiß sein
nix, nivis *f.*: Schnee
albus: weiß
mel, mellis *n.*: Honig
exquīsītus: ausgesucht
argūmentum: Beweis
conclūsiō, ōnis *f.*: Schlussfolgerung
animadversiō, ōnis *f.*: Beobachtung
admonitiō, ōnis *f.*: Erinnerung
involūtus: schwer verständlich
apertus: offen(kundig)
dētrahere, trāxī, tractum: wegnehmen
percipere, cipiō, cēpī, ceptum: erfassen

Das *summum bonum* in der Stoa

»Denn wenn es in der Philosophie auch viele gewichtige und nützliche Fragestellungen gibt, die von den Philosophen gründlich und ausführlich erörtert worden sind, so scheinen dennoch die Fragen, die über das pflichtgemäße Handeln gestellt und gelehrt worden sind, die weitestgehenden Wirkungen zu haben. (...) Denn wer das *summum bonum* so bestimmt, dass es keine Verbindung zur sittlichen Vollkommenheit hat, und es nach dem persönlichen Vorteil und nicht nach der Ehrenhaftigkeit bemisst, der kann wohl weder Freundschaft noch Gerechtigkeit noch Großherzigkeit pflegen, wenn er mit sich selbst übereinstimmen will und sich nicht zuweilen von der Güte seiner Natur bestimmen lassen will. Tapfer kann der auf gar keinen Fall sein, der den Schmerz für das größte Übel hält, maßvoll kann einer nicht sein, der in der Lust das *summum bonum* sieht. (...) Wenn diese Schulen sich selbst treu bleiben wollten, dann könnten sie nichts über das pflichtgemäße Handeln aussagen; fest gegründete, gesicherte und mit der Natur übereinstimmende Vorschriften über die Pflichten können nur die geben, die entweder sagen, dass nur die Ehrenhaftigkeit erstrebt werden muss, oder die, die sagen, dass sie besonders um ihrer selbst willen erstrebenswert seien. Deshalb ist diese Lehre den Stoikern eigen.«

Cicero, De officiis 1,4–6.

Der Philosoph Zenon. Gipsabguss einer Büste aus dem Nationalmuseum Neapel. Abguss-Sammlung des Archäologischen Instituts der Universität Göttingen.

Aristoteles. Gipsabguss einer Marmorbüste aus dem Kunsthistorischen Museum Wien. Abguss-Sammlung des Archäologischen Instituts der Universität Göttingen.

Das *summum bonum* bei Aristoteles (Peripatos)

»Jede Kunst und jede Lehre, desgleichen jede Handlung und jeder Entschluss, scheinen ein Gut zu erstreben, weshalb man das Gute treffend als dasjenige bezeichnet hat, wonach alles strebt. Doch zeigt sich ein Unterschied der Ziele. Die einen sind Tätigkeiten, die anderen noch gewisse Werke oder Dinge außer ihnen. Wo bestimmte Ziele außer den Handlungen bestehen, da sind die Dinge ihrer Natur nach besser als die Tätigkeiten.

Da der Handlungen, Künste und Wissenschaften viele sind, ergeben sich auch viele Ziele. Das Ziel der Heilkunst ist die Gesundheit, das der Schiffsbaukunst das Schiff, das der Strategik der Sieg, das der Wirtschaftskunst der Reichtum. Wo solche Verrichtungen unter einem Vermögen stehen, wie z.B. die Sattlerkunst und die sonstigen mit der Herstellung des Pferdezeuges beschäftigten Gewerbe unter der Reitkunst, und diese wieder nebst aller auf das Kriegswesen gerichteten Tätigkeit unter der Strategik, und ebenso andere unter anderen, da sind jedesmal die Ziele der architektonischen, d.h. der leitenden Verrichtungen vorzüglicher als die Ziele der untergeordneten, da letztere nur um der ersteren willen verfolgt werden. Und hier macht es keinen Unterschied, ob die Tätigkeiten selbst das Ziel der Handlungen bilden oder außer ihnen noch etwas anderes, wie es bei den genannten Künsten der Fall ist.

Wenn es nun ein Ziel des Handelns gibt, das wir seiner selbstwegen wollen, und das andere nur um seinetwillen, und wenn wir nicht alles wegen eines anderen uns zum Zwecke setzen – denn da ginge die Sache ins Unendliche fort, und das menschliche Begehren wäre leer und eitel –, so muss ein solches Ziel offenbar das Gute und das Beste sein. Sollte seine Erkenntnis nicht auch für das Leben eine große Bedeutung haben und uns helfen, gleich den Schützen, die ein festes Ziel haben, das Rechte besser zu treffen? So gilt es denn, es wenigstens im Umriss darzustellen, und zu ermitteln, was es ist und zu welcher Wissenschaft oder zu welchem Vermögen es gehört.«

Aristoteles, Nikomachische Ethik 1094a, übersetzt von Eugen Rolfes, 2. Auflage, Leipzig 1921, S. 3.

1 (a) Wie definieren nach Ciceros Aussage alle Philosophen das *summum bonum*? – (b) Was ist für Epikur das *summum bonum*? – (c) Wie begründet er dies?

2 Was ist für Sie das höchste Glück? Versuchen Sie Ciceros Definition anzuwenden.

3 Wer Epikur falsch verstehen wollte, hatte es leicht: Welchen Vorwurf konnte man dem epikureischen Ansatz machen?

4 Untersuchen Sie die Stilmittel im Text; welche Wirkungen sollen sie erzielen?

5 (a) Vergleichen Sie das epikureische mit dem stoischen und peripatetischen Ideal. – (b) Vergleichen Sie die unterschiedlichen Beweisführungen.

6 Die Bedeutung der *ratio*

Sed ut perspiciatis, unde omnis iste natus error sit
voluptatem accusantium doloremque laudantium,
totam rem aperiam eaque ipsa,
quae ab illo inventore veritatis
5 et quasi architecto beatae vitae dicta sunt, explicabo.
Nemo enim ipsam voluptatem,
quia voluptas sit, aspernatur aut odit aut fugit,
sed quia consequuntur magni dolores eos,
qui ratione voluptatem sequi nesciunt,
10 neque porro quisquam est, qui dolorem ipsum,
quia dolor sit, amet, consectetur, adipisci velit,
sed quia non numquam eius modi tempora incidunt,
ut labore et dolore magnam aliquam quaerat voluptatem.
Ut enim ad minima veniam,
15 quis nostrum
exercitationem ullam corporis suscipit laboriosam,
nisi ut aliquid ex ea commodi consequatur?
Quis autem vel eum iure reprehenderit,
qui in ea voluptate velit esse,
20 quam nihil molestiae consequatur,
vel illum,
qui dolorem eum fugiat,
quo voluptas nulla pariatur?
At vero eos et accusamus
25 et iusto odio dignissimos ducimus,
qui blanditiis praesentium voluptatum deleniti
atque corrupti,
quos dolores et quas molestias excepturi sint,
obcaecati cupiditate non provident,
30 similique sunt in culpa,
qui officia deserunt mollitia animi,
id est laborum et dolorum fuga.
Et harum quidem rerum facilis est et expedita distinctio.
Nam libero tempore, cum soluta nobis est eligendi optio,
35 cumque nihil impedit,
quo minus id, quod maxime placeat, facere possimus,
omnis voluptas assumenda est, omnis dolor repellendus.
Temporibus autem quibusdam et aut officiis debitis
aut rerum necessitatibus saepe eveniet,

error, ōris *m.*: Irrtum
inventor, ōris *m.*: Erfinder
vēritās, ātis *f.*: Wahrheit
architectus: Baumeister
explicāre: entfalten, erklären
porrō *Adv.*: ferner
consectārī: nach *etw.* streben
incidere, cidī: sich ereignen
exercitātiō, ōnis *f.*: Übung
labōriōsus: mühsam
commodum: Vorteil, Nutzen
blanditia: Genuss
dēlēnīre: locken
obcaecāre: blenden
mollitia: Mangel an Energie
expedītus: bequem, leicht, klar
distīnctiō, ōnis *f.*: Unterscheidung
ēligere, lēgī, lēctum: auswählen
optiō, ōnis *f.*: (freie) Wahl
assūmere, sūmpsī, sūmptum: aufnehmen

40 ut et voluptates repudiandae sint et molestiae non recusandae.

Itaque earum rerum hic tenetur a sapiente delectus,
ut aut reiciendis voluptatibus maiores alias consequatur
aut perferendis doloribus asperiores repellat.

repudiāre: zurückweisen
recūsāre: ablehnen
dēlēctus, ūs *m.*: (Aus-)Wahl
rēicere, iciō, iēcī, iectum: abweisen

Allegorisches Relief mit zwei Registern. Im unteren Register ist die Voluptas symbolisiert, im oberen die Virtus.
2. Jh. n. Chr. Nationalmuseum Neapel.

Zum Lustprinzip und Realitätsprinzip schreibt Sigmund Freud:
»Wir haben uns in der auf Psychoanalyse begründeten Psychologie gewöhnt, die unbewußten seelischen Vorgänge zum Ausgange zu nehmen, deren Eigentümlichkeiten uns durch die Analyse bekannt geworden sind. Wir halten diese für die älteren, primären, für Überreste aus einer Entwicklungsphase, in welcher sie die einzige Art von seelischen Vorgängen waren. Die oberste Tendenz, welcher diese primären Vorgänge gehorchen, ist leicht zu erkennen; sie wird als das Lust-Unlust-Prinzip (oder kürzer als das Lustprinzip) bezeichnet.

Diese Vorgänge streben danach, Lust zu gewinnen; von solchen Akten, welche Unlust erregen können, zieht sich die psychische Tätigkeit zurück (Verdrängung). (...) Es wird mit Recht eingewendet werden, daß eine solche Organisation, die dem Lustprinzip frönt und die Realität der Außenwelt vernachlässigt, sich nicht die kürzeste Zeit am Leben erhalten konnte, so daß sie überhaupt nicht hätte entstehen können. Die Verwendung einer derartigen Fiktion rechtfertigt sich aber durch die Bemerkung, daß der Säugling, wenn man nur die Mutterpflege hinzunimmt, ein solches psychisches System nahezu realisiert. Er halluziniert wahrscheinlich die Erfüllung seiner inneren Bedürfnisse, verrät seine Unlust bei steigendem Reiz und ausbleibender Befriedigung durch die motorische Abfuhr des Schreiens und Zappelns und erlebt darauf die halluzinierte Befriedigung. Er erlernt es später als Kind, diese Abfuhräußerungen absichtlich als Ausdrucksmittel zu gebrauchen. Da die Säuglingspflege das Vorbild der späteren Kinderfürsorge ist, kann die Herrschaft des Lustprinzips eigentlich erst mit der vollen psychischen Ablösung von den Eltern ein Ende nehmen. (...) Mit der Einsetzung des Realitätsprinzips wurde eine Art Denktätigkeit abgespalten, die von der Realitätsprüfung frei gehalten und allein dem Lustprinzip unterworfen blieb. (...) Wie das Lust-Ich nichts anderes kann als *wünschen,* nach Lustgewinn arbeiten und der Unlust ausweichen, so braucht das Real-Ich nichts anderes zu tun als nach *Nutzen* zu streben und sich gegen Schaden zu sichern. In Wirklichkeit bedeutet die Ersetzung des Lustprinzips durch das Realitätsprinzip keine Absetzung des Lustprinzips, sondern nur eine Sicherung desselben. Eine momentane, in ihren Folgen unsichere Lust wird aufgegeben, aber nur darum, um auf dem neuen Wege eine später kommende, gesicherte zu gewinnen. Doch ist der endopsychische Eindruck dieser Ersetzung ein so mächtiger gewesen, daß er sich in einem besonderen religiösen Mythus spiegelt. Die Lehre von der Belohnung im Jenseits für den – freiwilligen oder aufgezwungenen – Verzicht auf irdische Lüste ist nichts anderes als die mythische Projektion dieser psychischen Umwälzung. Die *Religionen* haben in konsequenter Verfolgung dieses Vorbildes den absoluten Lustverzicht im Leben gegen Versprechen einer Entschädigung in einem künftigen Dasein durchsetzen können; eine Überwindung des Lustprinzips haben sie auf diesem Wege nicht erreicht. Am ehesten gelingt diese Überwindung der *Wissenschaft,* die aber auch intellektuelle Lust während der Arbeit bietet und endlichen praktischen Gewinn verspricht. (...) Die *Kunst* bringt auf einem eigentümlichen Weg eine Versöhnung der beiden Prinzipien zustande. Der Künstler ist ursprünglich ein Mensch, welcher sich von der Realität abwendet, weil er sich mit dem von ihr zunächst geforderten Verzicht auf Triebbefriedigung nicht befreunden kann und seine erotischen und ehrgeizigen Wünsche im Phantasieleben gewähren läßt. Er findet aber den Rückweg aus dieser Phantasiewelt zur Realität, indem er dank besonderer Begabungen seine Phantasien zu einer neuen Art von Wirklichkeiten gestaltet, die von den Menschen als wertvolle Abbilder der Realität zur Geltung zugelassen werden. Er wird so auf eine gewisse Weise wirklich der Held, König, Schöpfer, Liebling, der er werden wollte, ohne den gewaltigen Umweg über die wirkliche Veränderung der Außenwelt einzuschlagen. Er kann dies aber nur darum erreichen, weil die anderen Menschen die nämliche Unzufriedenheit mit dem real erforderlichen Verzicht verspüren wie er selbst, weil diese bei der Ersetzung des Lustprinzips durch das Realitätsprinzip resultierende Unzufriedenheit selbst ein Stück der Realität ist.«

Sigmund Freud, Formulierungen über zwei Prinzipien des psychischen Geschehens, 1911, in: Gesammelte Werke Band 8, London 1943, S. 230–238.

Francisco de Goya, El sueno de la razon produce monstruos (Der Schlaf der Vernunft gebiert Ungeheuer), Grafik um 1797.

1 Wie wird Epikur beschrieben? Zitieren Sie lateinisch.

2 (a) Welche Funktion hat die *ratio* nach Epikurs Theorie? Zitieren Sie lateinisch. – (b) Wie werden die beschrieben, die sich nicht der Vernunft bedienen? Zitieren Sie lateinisch.

3 (a) Welche Gedanken aus Text 5 werden wieder aufgegriffen? – (b) Welche neuen Aspekte kommen in Text 6 hinzu? Welche Vorwürfe versucht Epikur zu entkräften? – (c) Erklären Sie Epikurs differenzierte Lehre von der Lust an einem konkreten Beispiel.

4 Vergleichen Sie Epikurs Aussagen mit denen von Sigmund Freud.

5 (a) Erklären Sie die Grafik »Der Schlaf der Vernunft gebiert Ungeheuer«. – (b) Welcher geistesgeschichtlichen Epoche ist diese Grafik zuzuordnen? Bereiten Sie ein Kurzreferat über diese Epoche vor.

7 Definition der Lust

Nunc autem explicabo,
voluptas ipsa quae qualisque sit,
ut tollatur error omnis imperitorum intellegaturque ea,
quae voluptaria, delicata, mollis habeatur disciplina,
5 quam gravis, quam continens, quam severa sit.
Non enim hanc solam sequimur,
quae suavitate aliqua naturam ipsam movet
et cum iucunditate quadam percipitur sensibus,
sed maximam voluptatem illam habemus,
10 quae percipitur omni dolore detracto,
nam quoniam, cum privamur dolore,
ipsa liberatione
et vacuitate omnis molestiae gaudemus,
omne autem id, quo gaudemus, voluptas est,
15 ut omne, quo offendimur, dolor,
doloris omnis privatio recte nominata est voluptas.
Ut enim,
cum cibo et potione fames sitisque depulsa est,
ipsa detractio molestiae consecutionem affert voluptatis,
20 sic in omni re doloris amotio
successionem efficit voluptatis.
Itaque non placuit Epicuro
medium esse quiddam inter dolorem et voluptatem;
illud enim ipsum, quod quibusdam medium videretur,
25 cum omni dolore careret, non modo voluptatem esse,
verum etiam summam voluptatem.
Quisquis enim sentit, quem ad modum sit affectus,
eum necesse est aut in voluptate esse aut in dolore.
Omnis autem privatione doloris putat Epicurus
30 terminari summam voluptatem,
ut postea variari voluptas distinguique possit,
augeri amplificarique non possit.

imperītus: unerfahren
voluptārius: genusssüchtig
dēlicātus: sinnlich
continēns, entis: *hier*: maßvoll
suāvitās, ātis *f.*: Süße
iūcunditās, ātis *f.*: Annehmlichkeit

prīvāre + *Abl.*: befreien *von*
līberātiō, ōnis *f.*: Befreiung
vacuitās, ātis *f.*: das Freisein

prīvātiō, ōnis *f.*: Befreiung
cibus: Nahrung
potiō, ōnis *f.*: Getränk
famēs, is *f.*: Hunger
sitis, is *f.*: Durst
dēpellere, pulī, pulsum: vertreiben
dētractiō, ōnis *f.*: Wegnahme
cōnsecūtiō, ōnis *f.*: Folge
āmōtiō, ōnis *f.*: das Entfernen
successiō, ōnis *f.*: das Eintreten

termināre aliquid rē: etw. nach etw. bemessen
variāre: verändern
distinguere, stīnxī, stīnctum: genau bestimmen
amplificāre: vergrößern

Pieter Aertsen (1508/9–1575), Die reiche Küche (Allegorie der Voluptas carnis). Ölgemälde, 1570.

Epikur schreibt in seinem Werk περὶ τέλους:

»Ich weiß nicht, was ich als das Gute begreifen soll, wenn ich jene Genüsse abziehe, die man durch den Geschmack wahrnimmt, jene, die durch den Liebesgenuss entstehen und durch das Hören von Gesängen, oder auch jene, die als angenehme Bewegungen durch die Augen beim Wahrnehmen von Gestalten entstehen und was sonst an Genüssen dem gesamten Menschen durch irgendeines der Sinnesorgane vermittelt wird. Man kann auch nicht sagen, dass bloß die Freude des Geistes ein Gut sei. Denn die Freude des Geistes erkenne ich an der Hoffnung, dass unsere Natur, wenn sie sich alle jene Dinge aneignet, die ich oben genannt habe, von Schmerz frei sein werde.«

Zitiert nach Cicero, Tusculanae disputationes 3,41; übersetzt und mit einer Einführung und Erläuterungen versehen von Olof Gigon, München 1984, S. 156, © Patmos Verlag GmbH & Co. KG, Artemis & Winkler Verlag, Düsseldorf.

Epikur schreibt an seinen Freund Menoikeus (§§ 129; 131):
»Darum nennen wir auch die Lust Anfang und Ende des seligen Lebens. Denn sie haben wir als das erste und angeborene Gut erkannt, von ihr aus beginnen wir mit allem Wählen und Meiden, und auf sie greifen wir zurück, indem wir mit der Empfindung als Maßstab jedes Gut beurteilen. Und eben weil sie das erste und angeborene Gut ist, darum wählen wir auch nicht jede Lust, sondern es kommt vor, dass wir über viele Lustempfindungen hinweggehen, wenn sich für uns aus ihnen ein Übermaß an Lästigem ergibt. Wir ziehen auch viele Schmerzen Lustempfindungen vor, wenn uns auf das lange dauernde Ertragen der Schmerzen eine größere Lust nachfolgt. Jede Lust also, da sie eine uns angemessene Natur hat, ist ein Gut, aber nicht jede ist zu wählen; wie auch jeder Schmerz ein Übel ist, aber nicht jeder muss natürlicherweise immer zu fliehen sein. (...) Denn nicht Trinkgelage und ununterbrochenes Schwärmen und nicht Genuss von Knaben und Frauen und von Fischen und allem anderen, was ein reich besetzter Tisch bietet, erzeugt das lustvolle Leben, sondern die nüchterne Überlegung, die die Ursachen für alles Wählen und Meiden erforscht und die leeren Meinungen austreibt, aus denen die schlimmste Verwirrung der Seele entsteht.«
Epikur, Von der Überwindung der Furcht. Katechismus, Lehrbriefe, Spruchsammlung, Fragmente, eingeleitet und übertragen von Olof Gigon, München, 2. Auflage 1985, S. 103–104, *© Patmos Verlag GmbH & Co. KG, Artemis & Winkler Verlag, Düsseldorf.*

Seneca schreibt zu Epikurs Lehre:
»Bei Epikur gibt es zwei Güter, aus denen jenes höchste und glückselige Gut zusammengesetzt wird, nämlich dass der Körper ohne Schmerz ist, die Seele ohne Verwirrung. Diese Güter wachsen nicht, wenn sie vollständig sind: In welche Richtung kann nämlich wachsen, was vollständig ist? Ohne Schmerz ist der Körper: Was kann zu dieser Schmerzlosigkeit noch hinzukommen? Die Seele bleibt sich treu und ist friedlich: Was kann zu dieser Ruhe noch hinzukommen?«
Seneca, Epistulae morales ad Lucilium. Liber VII. Übersetzt und herausgegeben von Rainer Rauthe, Stuttgart 1990, S. 55, *© 1990 Philipp Reclam jun. GmbH & Co., Stuttgart.*

1 (a) Stellen Sie alle lateinischen Begriffe zum Sachfeld »befreien, beseitigen« zusammen. – (b) Welche Rückschlüsse auf das Ziel der epikureischen Philosophie kann man aus der Tatsache ziehen, dass aus diesem Sachfeld so zahlreiche Formulierungen vorkommen?

2 (a) Welche Arten von Lust nennt Epikur? Zitieren Sie lateinisch. – (b) In welchem Verhältnis zueinander stehen sie? – (c) Erklären Sie die verschiedenen Ausrichtungen der Lust an konkreten Beispielen.

3 (a) In welchem Verhältnis stehen *dolor* und *voluptas* bei Epikur? – (b) Wie zwingend erscheint Ihnen Epikurs Gedankengang? Ziehen Sie auch Epikurs Texte »περὶ τέλους« (S. 19) und seinen Brief an Menoikeus (S. 20) heran.

4 Erläutern Sie den letzten Satz (Z. 29–32) anhand konkreter Beispiele. Ziehen Sie dazu auch den Text von Seneca heran.

Epikurbüste, hellenistisch. Musée du Louvre, Paris.

8 Der »Weise« nach Epikurs Definition

Sic enim ab Epicuro sapiens semper beatus inducitur:
finitas habet cupiditates, neglegit mortem,
de deis inmortalibus sine ullo metu vera sentit,
non dubitat, si ita melius sit, migrare de vita.
5 His rebus instructus semper est in voluptate.
Neque enim tempus est ullum,
quo non plus voluptatum habeat quam dolorum.
Nam et praeterita grate meminit
et praesentibus ita potitur, ut animadvertat,
10 quanta sint ea quamque iucunda,
neque pendet ex futuris, sed expectat illa,
fruitur praesentibus
ab iisque vitiis, quae paulo ante collegi, abest plurimum et,
cum stultorum vitam cum sua comparat,
15 magna afficitur voluptate.
Dolores autem si qui incurrunt,
numquam vim tantam habent,
ut non plus habeat sapiens, quod gaudeat,
quam quod angatur.
20 Optime vero Epicurus,
quod exiguam dixit fortunam intervenire sapienti
maximasque ab eo et gravissimas res
consilio ipsius et ratione administrari
neque maiorem voluptatem
25 ex infinito tempore aetatis percipi posse,
quam ex hoc percipiatur, quod videamus esse finitum.
In dialectica autem vestra nullam existimavit esse
nec ad melius vivendum
nec ad commodius disserendum viam.
30 In physicis plurimum posuit.
Ea scientia et verborum vis et natura orationis
et consequentium repugnantiumve ratio potest perspici.

Omnium autem rerum natura cognita levamur superstitione,
liberamur mortis metu, non conturbamur ignoratione rerum,
35 e qua ipsa horribiles existunt saepe formidines.

fīnīre: begrenzen
migrāre: wandern
incurrere, (cu)currī, cursum: *jdm.* begegnen
angere: ängstigen, beunruhigen
exiguus: klein
intervenīre: *hier:* erscheinen
dialectica: Dialektik, Kunst der Diskussion
dialectica … vestra: *gemeint die der Akademie, zu der sich auch Cicero, der hier angesprochen wird, rechnet*
physica: Physik
repūgnāre: im Widerspruch stehen
superstitiō, ōnis *f.*: Aberglaube
conturbāre: verwirren
īgnōrātiō, ōnis *f.*: Unkenntnis
horribilis, e: schrecklich
ex(s)istere, stitī: entstehen
formīdō, dinis *f.*: Furcht, Schrecken

Denique etiam morati melius erimus, cum didicerimus,
quid natura desideret.

Tum vero, si stabilem scientiam rerum tenebimus,
servata illa,
40 quae quasi delapsa de caelo est ad cognitionem omnium,
regula,
ad quam omnia iudicia rerum dirigentur,
numquam ullius oratione victi sententia desistemus.

Nisi autem rerum natura perspecta erit,
45 nullo modo poterimus sensuum iudicia defendere.
Quicquid porro animo cernimus,
id omne oritur a sensibus;
qui si omnes veri erunt, ut Epicuri ratio docet,
tum denique poterit aliquid cognosci et percipi.
50 Quos qui tollunt et nihil posse percipi dicunt,
ii remotis sensibus
ne id ipsum quidem expedire possunt,
quod disserunt.
Praeterea sublata cognitione et scientia
55 tollitur omnis ratio
et vitae degendae et rerum gerendarum.
Sic e physicis
et fortitudo sumitur contra mortis timorem
et constantia contra metum religionis
60 et sedatio animi
omnium rerum occultarum ignoratione sublata
et moderatio
natura cupiditatum generibusque earum explicatis,
et, ut modo docui, cognitionis regula
65 et iudicio ab eadem illa constituto
veri a falso distinctio traditur.

stabilis, e: fest, unerschütterlich
dēlābī, lāpsus sum: herabsinken
cōgnitiō, ōnis *f.*: Erkenntnis, Vorstellung
rēgula: Richtschnur
dīrigere, rēxī, rēctum: *nach etw.* einrichten
dēsistere: *von etw.* ablassen
perspicere, spiciō, spexī, spectum: untersuchen
porrō *Adv.*: ferner

expedīre: ausführen, erörtern

dēgere: (Zeit) verbringen
physica: Physik
fortitūdō, inis *f.*: Unerschrockenheit
cōnstantia: Standhaftigkeit
sēdātiō, ōnis *f.*: Beruhigung
īgnōrātiō, ōnis *f.*: Unkenntnis
moderātiō, ōnis *f.*: Mäßigung

distīnctiō, ōnis *f.*: Unterscheidung

Seneca beschreibt den stoischen Weisen so:
»Wenn du einen Menschen erblickst, unerschrocken in Gefahren, unberührt von Leidenschaften, im Unglück glücklich, mitten in den Stürmen gelassen, von einer höheren Ebene die Menschen betrachtend, auf gleicher die Götter, wird dich nicht Ehrfurcht vor ihm überkommen? (...) Preise an ihm, was weder genommen noch gegeben werden kann, was das spezifische Merkmal des Menschen ist. Du fragst, was es sei? Der Geist und die im Geist vollkommene Vernunft. Ein vernunftbegabtes Wesen nämlich ist der Mensch; zur höchsten Vollendung gelangt daher sein Wert, wenn er das erfüllt hat, wozu er geboren wird. Was aber ist es, was von ihm die Vernunft fordert? Die einfachste Sache der Welt, seiner Natur gemäß zu leben.«
Seneca, Epistulae morales ad Lucilium. Liber IV. Übersetzt und herausgegeben von Franz Loretto, Stuttgart 1987, S. 59–61, *© 1987 Philipp Reclam jun. GmbH & Co., Stuttgart.*

Über die Bedeutung des Todes schreibt Epikur in einem Brief an seinen Freund Menoikeus (§ 125):
»Denn im Leben gibt es für den nichts Schreckliches, der in echter Weise begriffen hat, dass es im Nichtleben nichts Schreckliches gibt. Darum ist jener einfältig, der sagt, er fürchte den Tod nicht, weil er schmerzen wird, wenn er da ist, sondern weil er jetzt schmerzt, wenn man ihn erwartet. Denn was uns nicht belästigt, wenn es wirklich da ist, kann nur einen nichtigen Schmerz bereiten, wenn man es bloß erwartet. Das schauerlichste Übel also, der Tod, geht uns nichts an; denn solange wir existieren, ist der Tod nicht da, und wenn der Tod da ist, existieren wir nicht mehr. Er geht also weder die Lebenden an noch die Toten; denn die einen geht er nicht an, und die anderen existieren nicht mehr. Die Menge freilich flieht bald den Tod als das ärgste der Übel, bald sucht sie ihn als Erholung von den Übeln im Leben. Der Weise dagegen lehnt weder das Leben ab noch fürchtet er das Nichts.«
Epikur, Von der Überwindung der Furcht. Katechismus, Lehrbriefe, Spruchsammlung, Fragmente, eingeleitet und übertragen von Olaf Gigon, München, 2. Auflage 1985, S. 101, *© Patmos Verlag GmbH & Co. KG, Artemis & Winkler Verlag, Düsseldorf.*

Max Klingner, Der Philosoph.

1 (a) Welche Eigenschaften finden sich bei einem epikureischen Weisen? Zitieren Sie lateinisch. – (b) Welche Aspekte sind Ihnen aus vorherigen Texten bekannt? – (c) Welche Aspekte sind neu? Erläutern Sie diese. – (d) Vergleichen Sie dieses Ideal mit dem stoischen Weisen.

2 (a) Erklären Sie, warum die Physik (Texte 1–4) in Epikurs Philosophie eine so bedeutsame Rolle spielt. – (b) Welche Bedeutung hat der Tod für den Weisen? Ziehen Sie auch Epikurs Brief an Menoikeus heran.

3 (a) Was führt nach Epikurs Meinung zu schweren seelischen Erkrankungen beim Menschen? Zitieren Sie lateinisch. – (b) Was empfiehlt Epikur zur Heilung? Zitieren Sie lateinisch. – (c) An welcher Stelle tauchte diese Idee bereits schon einmal auf?

4 (a) Kann Ihrer Meinung nach ein Mensch, der Epikurs Weisungen folgt, ein *sapiens* werden und somit vollkommen glücklich sein? – (b) Wenn es möglich ist, ein epikureischer Weiser zu werden, ist es erstrebenswert?

5 (a) Beschreiben Sie die Radierung von Max Klingner. – (b) Informieren Sie sich über den Künstler und den Einfluss, den Arthur Schopenhauer auf ihn ausübte, und bereiten Sie ein Kurzreferat vor. – (c) Welches Bild von einem Philosophen vermittelt der Künstler dem Betrachter? – (d) Vergleichen Sie die Darstellung der Philosophen im Text und im Bild.

9 Epikurs Gottesbeweis

Solus enim vidit primum esse deos,
quod in omnium animis eorum notionem
inpressisset ipsa natura.

Quae est enim gens aut quod genus hominum,
5 quod non habeat sine doctrina
anticipationem quandam deorum,
quam appellat προλέμψιν Epicurus,
id est anteceptam animo rei quandam informationem,
sine qua nec intellegi quicquam
10 nec quaeri nec disputari potest?
Cum enim non instituto aliquo aut more aut lege
sit opinio constituta
maneatque ad unum omnium firma consensio,
intellegi necesse est esse deos,
15 quoniam insitas eorum
vel potius innatas cognitiones habemus;
de quo autem omnium natura consentit,
id verum esse necesse est;
esse igitur deos confitendum est.

sōlus: *gemeint ist Epikur*
nōtiō, ōnis *f.*: Kenntnis, Vorstellung
inprimere, pressī, pressum: (hin)eindrücken
doctrīna: Belehrung, Unterricht
anticipātio, ōnis *f.*: vorgefasste Meinung, Vorstellung
προλέμψιν: Vorstellung
antecapere, capiō, cēpī, captum: vorwegnehmen
īnfōrmātiō, ōnis *f.*: Vorstellung, Begriff

cōnsēnsiō, ōnis *f.*: Übereinstimmung, Einigkeit
īnserere, sēvī, situm: einpflanzen
innātus: angeboren

cōnsentīre, sēnsī, sēnsum: übereinstimmen
cōnfitērī, fessus sum: zugeben, eingestehen, bekennen

1 Gliedern Sie den Text und geben Sie den einzelnen Abschnitten kurze Überschriften. Achten Sie auf die Wahl der Konnektoren.

2 (a) Überzeugt Sie Epikurs Gottesbeweis? Begründen Sie. – (b) Informieren Sie sich über die Gottesbeweise von Anselm von Canterbury und Thomas von Aquin und bereiten Sie Kurzreferate darüber vor. – (c) Informieren Sie sich über die Religions- und Gotteskritik von Ludwig Feuerbach, Karl Marx und Sigmund Freud und bereiten Sie Kurzreferate darüber vor. – (d) Nehmen Sie kritisch Stellung zur Frage: Kann man beweisen, dass es Gott gibt bzw. dass Gott nicht existiert?

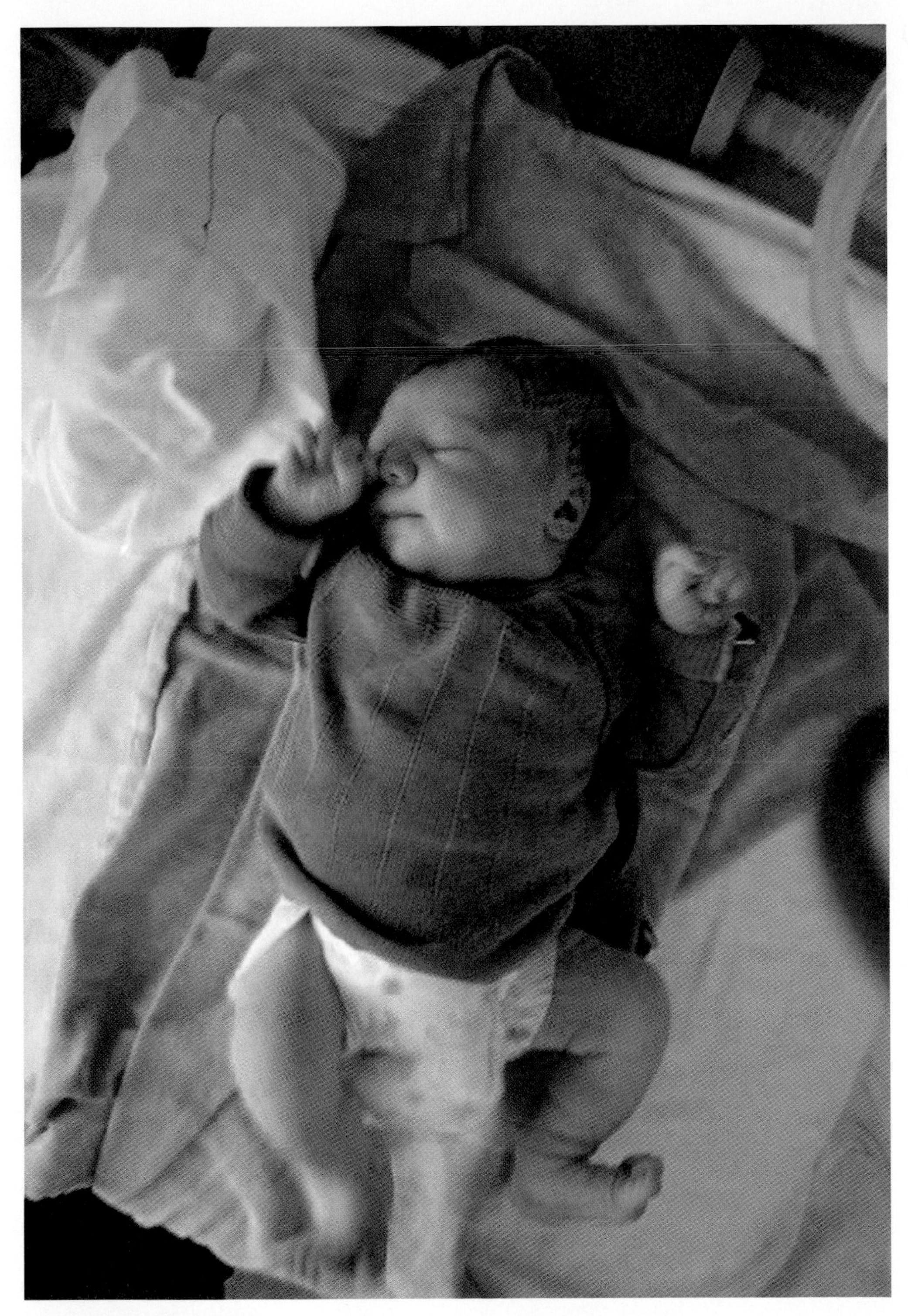

Emma. Kurz nach ihrer Geburt.

10 Die Frage der Theodizee

inquit: *Subj. ist Epikur*

»Deus« inquit »aut vult tollere mala et non potest
aut potest et non vult
aut neque vult neque potest
aut et vult et potest.
5 Si vult et non potest, inbecillus est,
quod in deum non cadit;
si potest et non vult, invidus,
quod aeque alienum est a deo;
si neque vult neque potest,
10 et invidus et inbecillus est ideoque nec deus;
si et vult et potest, quod solum deo convenit,
unde ergo sunt mala aut cur illa non tollit?«

inbēcillus: schwach
cadere in + *Akk.*: zutreffen auf, passen zu
invidus: neidisch, missgünstig

1 Informieren Sie sich in einem Lexikon über Laktanz und bereiten Sie ein Kurzreferat über sein Leben und seine Werke vor.

2 (a) Geben Sie den Text mit eigenen Worten wieder. – (b) Welche Antwort erwartet Epikur auf seine abschließenden Fragen? – (c) Wie zwingend erscheint Ihnen der Gedankengang?

3 Erkundigen Sie sich, was man unter dem Begriff »Theodizee« versteht, und bereiten Sie ein Kurzreferat darüber vor.

4 Informieren Sie sich, welche Antworten auf die Frage der Theodizee gegeben werden: (a) im Judentum; – (b) im Christentum; – (c) bei G. W. Leibniz. Bereiten Sie jeweils Kurzreferate vor.

Vir Maxime Reverende et Celeberrime

Accepi dissertationem quandam tibi sub manibus esse qua nonnulla dogmata Theodiceae meae examinentur. id a viro docto et moderato fieri non potest mihi esse ingratum. Si tamen ante editionem possim suppeditare aliquid, quo juvetur tua discussio, desideranti tibi non denegabo. interea vale et fave. dabam Hanoverae 6 Martii 1712

deditissimus
G. G. Leibnitius.

G.W. Leibniz, Brief an den protestantischen Theologen Johann Franz Buddeus (1667–1729), Professor in Jena, betreffend dessen Absicht, eine Abhandlung über Liebniz' »Theodizee« zu schreiben. 1712.

11 Aufgabe und Bedeutung der Philosophie

O vitae philosophia dux,
o virtutis indagatrix expultrixque vitiorum!
Quid non modo nos,
sed omnino vita hominum sine te esse potuisset?
5 Tu urbis peperisti,
tu dissipatos homines in societatem vitae convocasti,
tu eos inter se primo domiciliis, deinde coniugiis,
tum litterarum et vocum communione iunxisti,
tu inventrix legum, tu magistra morum et disciplinae fuisti;

10 ad te confugimus, a te opem petimus,
tibi nos, ut antea magna ex parte,
sic nunc penitus totosque tradimus.

Est autem unus dies bene et ex praeceptis tuis actus
peccanti inmortalitati anteponendus.

15 Cuius igitur potius opibus utamur quam tuis,
quae et vitae tranquillitatem largita nobis es
et terrorem mortis sustulisti?
Ac philosophia quidem tantum abest,
ut proinde ac de hominum est vita merita laudetur,
20 ut a plerisque neglecta a multis etiam vituperetur.
Vituperare quisquam vitae parentem et
hoc parricidio se inquinare audet
et tam impie ingratus esse,
ut eam accuset, quam vereri deberet,
25 etiamsi minus percipere potuisset?
Sed, ut opinor, hic error
et haec indoctorum animis offusa caligo est,
quod tam longe retro respicere non possunt
nec eos, a quibus vita hominum instructa primis sit,
30 fuisse philosophos arbitrantur.

Quam rem antiquissimam cum videamus,
nomen tamen esse confitemur recens.
Nam sapientiam quidem ipsam quis negare potest
non modo re esse antiquam, verum etiam nomine?

philosophia: Philosophie
indāgātrīx, īcis *f.*: Erforscherin
expultrīx, īcis *f.*: Vertreiberin

dissipātus: zerstreut
domicilium: Wohnsitz
coniugium: Ehe
commūniō, ōnis *f.*: Gemeinschaft
inventrīx, īcis *f.*: Erfinderin
magistra: Lehrerin
cōnfugere, fugiō, fūgī: seine Zuflucht nehmen
penitus *Adv.*: völlig, ganz und gar
peccāre: verkehrt handeln
inmortālitās, ātis *f.*: Unsterblichkeit
antepōnere, posuī, positum: den Vorzug geben
tranquillitās, ātis *f.*: Ruhe
largīrī: reichlich schenken
terror, ōris *m.*: Schrecken, Angst
proinde ac *Adv.*: ebenso

parricīdium: (Verwandten)Mord
inquināre: beflecken
impius: gottlos
ingrātus: undankbar
indoctus: ungelehrt
offundere, fūdī, fūsum: hineingießen
cālīgō, ginis *f.*: Finsternis, Unwissenheit
retrō *Adv.*: zurück
respicere, spexī, spectum: zurückblicken
philosophus: Philosoph

35 Quae divinarum humanarumque rerum,
tum initiorum causarumque cuiusque rei cognitione
hoc pulcherrimum nomen apud antiquos adsequebatur.
Itaque et illos septem, qui a Graecis σοφοί,
sapientes a nostris et habebantur et nominabantur,
40 et multis ante saeculis Lycurgum,
cuius temporibus Homerus etiam fuisse
ante hanc urbem conditam traditur,
et iam heroicis aetatibus Ulixem et Nestorem accepimus
et fuisse et habitos esse sapientis.

σοφοί: die Weisen
Lycūrgus: *sagenhafter Gesetzgeber in Sparta, um 800 v. Chr.*
Homērus: *grch. Dichter des 8. Jahrhunderts v. Chr.*
hērōicus: heroisch, mythisch
Ulixēs, is *m.*: Odysseus, *(Held vor Troja)*
Nestor, oris *m.*: *König von Pylos, Held vor Troja*

Im **Alten Testament** findet sich folgender Vers:
»Denn ein einziger Tag in den Vorhöfen deines Heiligtums ist besser als tausend andere. Lieber an der Schwelle stehen im Haus meines Gottes als wohnen in den Zelten der Frevler.«
Psalm 84,11

Die Sieben Weisen:
Seit Demetrios von Phaleron (4. Jahrhundert v. Chr.) zählten folgende Persönlichkeiten des 7. und 6. Jahrhunderts v. Chr. zur Gruppe der Sieben Weisen: Kleobulos von Lindos, Solon von Athen (um 640–560), Chilon von Sparta (Mitte 6. Jh. v. Chr.), Thales von Miletos (1. Hälfte des 6. Jh. v. Chr.), Pittakos von Mitylene (651–570), Bias von Priene (Mitte 6. Jh. v. Chr.) und Periandros von Korinthos (600–560).

1 (a) Welche Verdienste hat sich die Philosophie um die Menschheit erworben? Zitieren Sie lateinisch. – (b) Welche Aspekte kennen Sie aus oben gelesenen Texten, welche sind neu? – (c) Erläutern und diskutieren Sie die einzelnen Punkte.

2 (a) Vergleichen Sie den Stil der Zeilen 1–17 mit den bisher gelesenen Texten. Nennen und erklären Sie die Unterschiede. – (b) Kennen Sie Texte, die stilistisch ähnlich gestaltet sind?

3 Vergleichen Sie die Zeilen 13–14 *(Est autem unus dies bene et ex praeceptis tuis actus peccanti inmortalitati anteponendus)* mit Psalm 84,11 und erklären Sie Ihre Beobachtungen.

4 (a) Informieren Sie sich über die so genannten Sieben Weisen und bereiten Sie Kurzreferate über die einzelnen Philosophen vor. – (b) Erklären Sie, warum sie im Text erwähnt werden.

Lernwortschatz

acūtus	scharfsinnig
animal, ālis *n.*	Lebewesen
antepōnere, posuī, positum	den Vorzug geben
apertus	offen(kundig)
argūmentum	Beweis
aspernārī	verschmähen
assūmere, sūmpsī, sūmptum	aufnehmen
atomus, ī *f.*	Atom
blanditia	Genuss
bonum	das (sittlich) Gute
cadere in + *Akk.*	zutreffen auf, passen zu
cibus	Nahrung
cōgnitiō, ōnis *f.*	Erkenntnis, Vorstellung
commodum	Vorteil, Nutzen
cōnfitērī, fessus sum	zugeben, eingestehen, bekennen
cōnfugere, fugiō, fūgī	seine Zuflucht nehmen
cōnsēnsiō, ōnis *f.*	Übereinstimmung, Einigkeit
cōnsentīre, sēnsī, sēnsum	übereinstimmen
cōnstantia	Standhaftigkeit
corrigere, rēxī, rēctum	verbessern
dēclīnāre	abbiegen, abweichen
delectus, ūs *m.*	(Aus-)Wahl
dēpellere, pulī, pulsum	vertreiben
dētrahere, trāxī, tractum	wegnehmen
dīrigere, rēxī, rēctum	*nach etw.* einrichten
disserere, seruī, sertum	erörtern, (be-)sprechen
distinguere, stīnxī, stīnctum	genau bestimmen
doctrīna	Belehrung, Unterricht
ēligere, lēgī, lēctum	auswählen
error, ōris *m.*	Irrtum
ērudītus	gebildet, gelehrt
ex(s)istere, stitī	entstehen
exiguus	klein
expedītus	bequem, leicht, klar
expedīre	ausführen, erörtern
expetere, petīvī, petītum	erstreben
explicāre	entfalten, erklären
exquīsītus	ausgesucht
famēs, is *f.*	Hunger
fīnīre	begrenzen
fore	= futūrum esse
fortitūdō, inis *f.*	Unerschrockenheit
haerēre, haesī, haesūrus	fest *an etw.* hängen
horribilis, e	schrecklich
imperītus	unerfahren
impius	gottlos
incidere, cidī	sich ereignen
incurrere, (cu)currī, cursum	*jdm.* begegnen
indoctus	ungelehrt
īnferior, ius	tiefer
īnfimus	unterster
īnfīnītus	unbegrenzt
ingrātus	undankbar
inprimere, pressī, pressum	(hin)eindrücken
īnserere, sēvī, situm	einpflanzen
invidus	neidisch, missgünstig
lābī, lāpsus sum	dahingleiten, straucheln
largīrī	reichlich schenken
malum	das (sittlich) Schlechte; Übel, Leid
migrāre	wandern
moderātiō, ōnis *f.*	Mäßigung
mundus	Welt
nātūrālis, e	natürlich
nix, nivis *f.*	Schnee
ōrnātus, ūs *m.*	Schmuck
peccāre	verkehrt handeln
percipere, cipiō, cēpī, ceptum	erfassen
perspicere, spiciō, spexī, spectum	untersuchen
physicus	Naturphilosoph
potiō, ōnis *f.*	Getränk
prīvāre + *Abl.*	befreien *von*
puerīlis, e	kindisch
recusare	ablehnen
rēicere, iciō, iēcī, iectum	abweisen
repellere, reppulī, repulsum	zurückweisen
repudiāre	zurückweisen
sitis, is *f.*	Durst
superstitiō, ōnis *f.*	Aberglaube
terror, ōris *m.*	Schrecken, Angst
vēritās, ātis *f.*	Wahrheit
vituperāre	tadeln